L'ABC D'UN
BUDGET
INTELLIGENT

*Le raccourci pour une vie
plus heureuse*

NEZHA CHERQAOUA

2018

A tous ceux qui luttent dans la vie
à la recherche de la paix intérieure

****

" Quand tout semble être contre toi, souviens-toi que l'avion décolle face au vent et non avec lui »

HENRY FORD

TABLE DES MATIERES

DEDICACE

Mes remerciements et ma gratitude :

- Aux moments difficiles qui m'ont permis d'apprendre des leçons précieuses. Grace à ces moments, je me suis convaincue que les difficultés ne sont que des opportunités pour être plus forte.

- A toutes mes erreurs qui ont éclairci le bon chemin pour moi. J'ai appris qu'en cour de route, ces obstacles m'avaient poussé à atteindre mon plein potentiel. J'ai appris qu'on grandit lorsque nous sommes confrontés à des défis.

- Aux personnes qui ont créé des difficultés et ont semé le Stress sur mon chemin ; ceux qui ont bouleversé ma vie.

Grace à ces personnes, j'ai compris que la ligne droite n'est rien d'autre que la fin de la vie, que les hauts et les bas sont le symbole d'un cœur qui bat toujours.

Grace à ces personnes :

J'ai acquis le pouvoir de transformer ces obstacles en un tremplin pour prendre de l'élan et avancer à l'avant chaque fois que je tombe. J'ai réalisé que les grandes douleurs pouvaient devenir de grandes forces, que les difficultés ne faisaient qu'ajouter de la valeur à ma vie, et que le défi n'était autre que l'EFFORT, l'ACTION et la PERSEVERANCE. C'est à travers le défi et la détermination que j'ai réalisé qu'enfin je vivais.

NEZHA

PREFACE

Ce livre est le résultat de ma propre expérience.

Au cours de la première période de ma vie professionnelle, ma gestion d'argent était quelque peu aléatoire, qui se limite aux dépenses et aux besoins de la vie quotidienne (Logement, nourriture, vêtements, transport et dépenses diverses) « Je vivais pour manger ». Chaque fois que mon revenu augmentait, il y avait une certaine amélioration dans lesdites dépenses. Il y avait eu une négligence presque totale d'autres dépenses telles que les loisirs, les sorties, les voyages, bref, les dépenses pour se faire plaisir et aussi pour planifier pour le futur et les imprévus.

Cette période avait été suivie de moments très difficiles qui avaient bouleversé ma vie et m'avaient obligé à faire face à des situations hors de mes possibilités, à surmonter de nombreux défis. Grace à cela j'avais appris des leçons que je ne pouvais jamais apprendre à l'école. C'était un chapitre nécessaire dans ma vie pour en comprendre le vrai sens. C'était une sorte de force intérieure motivante qui me poussait à tout reconsidérer, à changer radicalement ma vie et à la réorganiser de manière que je me mette à la place ou j'étais censée être.

Découvrir ma vraie vocation « manger pour vivre » et prendre soin de moi ; En un mot, j'ai changé ma vie du simple mot « ÊTRE » pour le « BIEN-ÊTRE ».

Aussitôt je suis passée à l'action pour surmonter mes difficultés. J'ai établi une nouvelle gestion financière pour pouvoir continuer, sinon ça aurait été la soumission et le désespoir.

Avant de commencer l'exécution de la nouvelle planification budgétaire et pour atteindre des résultats positifs ; il est primordial de fixer ses objectifs essentiels. La vie a plus de sens lorsque vous avez un objectif à atteindre.

La mise en œuvre et le suivi préliminaire de mon budget m'ont toujours permis de contrôler mon argent plutôt que d'être contrôlée par mon argent.

10

LES POUVOIRS MOTIVANTS

"Ne cherchez pas le bonheur, trouvez juste l'équilibre. L'équilibre est une posture active entre des forces opposées créant l'harmonie"

La vie de chacun d'entre nous est un flux et reflux constants entre deux pôles : la production et la consommation.

La plupart associent production et consommation au facteur monétaire, mais il existe également d'autres facteurs qui agissent sur nos comportements de manière active ou passive et qui ont un impact significatif sur ce flux – reflux entre production et consommation.

La connexion et l'interaction entre ses facteurs agissent sur les pouvoirs actifs et motivants de l'individu.

Le POUVOIR de La PENSEE

C'est une force très importante qui reflète les idées, les concepts, les actions et les comportements de l'individu. Ce pouvoir varie d'une personne à une autre, il peut être à la fois positif ou négatif, constructif ou destructeur. C'est tout un processus de connaissances, de pensées, d'idées, de sentiments et de tout ce qui dépend de notre esprit.

Le POUVOIR du TEMPS

C'est une force qui s'impose à nous, personne ne peut s'en échapper. Elle est incessante ; elle commence à prendre effet dès la première respiration et finit par le dernier soupir. Je la considère étant la seule devise internationale, inchangeable et invariable. Elle est de vingt-quatre heures pour quiconque. Ce pouvoir risque de devenir une force manipulatrice en raison d'une mauvaise gestion, et qui ne peut être contrôlée que par le simple moyen d'une bonne gestion.

Le POUVOIR de L'ARGENT

C'est un mouvement entre profits et pertes. C'est le manipulateur mondial le plus puissant. Il devient facilement le Maitre pour guider nos pensées en maîtrisant nos comportements et en bloquant ainsi les autres pouvoirs. Avec une bonne et minutieuse gestion, il est possible de contrôler et de limiter sa domination pour éviter de tomber dans l'abîme de l'aliénation monétaire.

La gestion des pouvoirs varie d'une personne à l'autre en fonction de la personnalité et des priorités de chacun. Il y en a ceux qui se concentrent et accordent toute leur attention à un seul de ces pouvoirs. Lui facilitant toute autorité il devient le leader qui domine les autres pouvoirs et contrôle ainsi l'individu, ses pensées, son comportement et même son éthique.

Faute d'un laisser-aller ou de mauvaise gestion ; beaucoup de gens risquent de voir leur vie contrôlée et dominée par le pouvoir du temps ou le pouvoir de l'argent, déclinant ainsi toute la force mentale de la pensée et de l'esprit.

La paix intérieure

Chacun de nous cherche son propre bonheur en se concentrant sur l'un de ces pouvoirs tout en négligeant les autres.

Comment gérer la relation entre ces trois pouvoirs ?

La relation de rétroaction et l'interconnexion positive entre ces dits pouvoirs contribuent à l'équilibre et à l'harmonie chez l'individu.

Plus le degré d'harmonie est élevé, plus la zone de convergence des pouvoirs est grande, plus le pouvoir intérieur de l'individu et le sentiment de paix et de bonheur sont grands.

Le bonheur n'est pas une accumulation de joie, c'est le pouvoir intérieur à répandre l'harmonie dans tout le corps.

J'ai nommé la "zone d'harmonie" l'intersection des trois pouvoirs qui ont l'impact le plus puissant sur nos attitudes, nos sentiments et nos comportements, en un mot sur notre style de vie.

La vocation humaine ne se limite pas à la simple relation production-consommation. La vocation humaine consiste à gérer les trois puissances opposées et à établir un bon équilibre entre elles afin de préserver la paix intérieure.

Le pouvoir intérieur est la force qui résulte d'un esprit sain, d'une finance saine et d'une parfaite gestion du temps. Ces pouvoirs peuvent être actifs ou passifs. Ils se complètent et se renforcent, interagissent les uns avec les autres en créant "la zone d'harmonie".

L'élargissement de "la zone d'harmonie" dépend de cette relation. Maintenir une relation positive, saine et équilibrée entre les trois pouvoirs procure la santé du corps et la santé de l'esprit et augmente la sensation permanente de paix et de bonheur.

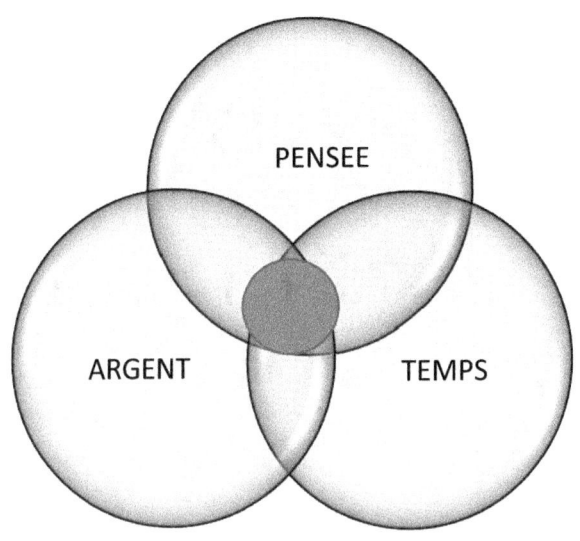

"La zone d'harmonie"

LA QUESTION UNIVERSELLE : L'ARGENT FAIT-IL LE BONHEUR ?

Certains chapitres de notre vie nous obligent à nous interroger, à jeter un nouveau regard sur notre vie et à reconsidérer nos priorités.

La plupart des gens pensent que le bonheur c'est d'avoir beaucoup d'argent. Ils passent le plus clair de leur temps à réfléchir sur les moyens de gagner plus pour pouvoir être à l'aise. La réalité c'est que peu importe combien on gagne car cela ne semble jamais assez ; on n'est jamais satisfait. On est toujours à la quête de plus d'argent ; plus de choses ; ce qui signifie plus de stress et ça recommence.

Faire le choix d'être heureux est à la portée de tous, cela ne nécessite ni beaucoup d'argent ni être riche. Le bonheur n'est pas d'avoir tout ce que nous voulons, mais d'aimer et d'apprécier ce que nous avons. Ce n'est pas combien nous avons d'argent, mais c'est l'impact de cet argent sur notre vie et sur celle de l'autre.

Le bonheur est un état d'esprit, un moyen de progresser le long de sa vie. C'est une sensation agréable diffuse dans notre corps après avoir atteint l'harmonie qui dépend de l'équilibre entre les forces opposées.

Arrêtez de chercher le bonheur autour de vous, ce n'est pas quelque chose de prêt à l'emploi ; c'est l'éclot de vos propres actions.

Profitez de ce que vous avez, transformez vos difficultés en une échelle pour monter et vous élever et vous verrez que la porte du bonheur s'ouvrira à l'intérieur de vous.

N'abandonnez jamais ; si vous le faites, vous vous détruirez.

TOUT EST APRENTISSAGE

"Quiconque arrête d'apprendre est vieux, à vingt ou à quatre-vingts ans. Quiconque continue à apprendre reste jeune. La plus grande chose dans la vie est de garder votre esprit jeune. "
Henry Ford

L a plupart des gens prennent la résolution de progresser et de changer pour le mieux. La plupart d'entre eux ont des plans pour réussir et être heureux croyant que le bonheur et le succès c'est d'être riches. Dans ces cas la plupart du temps, il n'y a ni changement ni amélioration.

Le succès n'est pas un simple projet à planifier ; c'est tout un processus qui nécessite beaucoup d'efforts. Actuellement, il existe de nombreuses méthodes et programmes de développement personnel pour aider ceux qui recherchent le succès et le bien-être.

Beaucoup de gens dépensent de l'argent pour apprendre à progresser et à atteindre leurs objectifs. Ils négligent le moyen le plus simple mais le plus puissant de le faire. La façon dont nous gérons nos finances a beaucoup plus d'impact qu'on peut imaginer. Nos dépenses guident nos décisions la plupart du temps et influencent le sens de notre vie.

> *"Ne me donnez pas de poisson mais apprenez-moi à pêcher"*
> *Proverbe chinois*

Lorsque vous donnez quelque chose à quelqu'un, vous l'aidez seulement pour un temps limité, mais si vous lui apprenez des compétences, elles seront utilisées à jamais. On n'apprend pas de n'importe qui, il faut chercher la bonne personne : celle qui performe ce que nous devons apprendre. On peut aussi tirer des leçons à partir des expériences d'autres personnes.

Tout est fondé sur l'apprentissage :

On peut tout apprendre, à tout moment et à n'importe quel âge. Il suffit de chercher les sources qualifiées pour un apprentissage efficace.

Voulez-vous changer en profondeur votre façon d'être ? Voulez-vous progresser ? C'est possible et cela peut s'apprendre.

Ce petit livre a pour but de vous mettre sur la bonne voie, de vous guider pour apprendre à changer votre mode de vie en établissant une relation saine et prospère avec l'argent.

Comment mettre l'argent au service de votre réussite et de votre bonheur ?

APPRENDRE

- Obtenez des conseils et des astuces (vous trouverez de nombreux conseils et astuces dans ce livre)

- Se faire assister par une personne compétente.

ENTRAINEZ-VOUS

- Etablir et essayer différents plans budgétaires.

- Exécuter et mettre en pratique vos plans.

AGIR

- Contrôlez vos dépenses.

- offrez-vous du plaisir tout en dépensant.

- progressez et améliorez vos finances.

LE GRAND PAS POUR LE DEVELOPPEMENT DE SOI

« *Le bonheur n'est pas dans le simple fait de possession d'argent ; il réside dans la joie de la réalisation, dans le frisson de l'effort créateur* "

Franklin D. ROOSVELT

Dans la vie nous subissons des changements malgré nous, nous devons prendre des mesures pour choisir librement d'évoluer dans la direction que nous jugeons souhaitable.

Les changements pourraient être faits par :

- La modification de certains comportements et pensées.

- Se fixer des objectifs significatifs pour motiver et multiplier vos efforts.

Trois clés sont primordiales pour développer son **SOI**, mènent au succès et rendent la vie plus heureuse.

ACTIVEZ VOTRE CERVEAU

> « *L'anxiété n'arrête pas la douleur de demain, mais elle vole définitivement le plaisir d'aujourd'hui* "
> *Dale Carnegie*

La pensée est votre propre perception d'une action spécifique, et le comportement est la manière dont vous traduisez cette perception dans la réalité.

Ne négligez jamais le pouvoir de vos pensées.

- Dites « OUI » aux pensées positives : elles vous donneront plus d'énergie et plus d'initiative.

- Entraînez votre cerveau pour le rendre malléable et solide.

- Insérez dans votre cerveau les meilleures valeurs et les meilleures croyances.

- Exercez-vous à des comportements nouveaux et mieux adaptés.

- Libérez votre esprit de l'anxiété et de l'inquiétude qui peuvent perturber votre lendemain.

- Éloignez le stress de votre vie quotidienne et démarrez votre budget monétaire pour atteindre vos objectifs financiers.

ORGANISEZ ET GEREZ VOTRE TEMPS

"Si vous ne prenez pas le temps de travailler pour créer la vie que vous voulez, vous finirez par être obligé de passer beaucoup de temps à faire face à une vie que vous ne voulez pas »   *Kevin NGO*

- Il y a toujours assez de temps quand il est bien utilisé.

- Être conscient qu'on peut gagner plus d'argent à n'importe quel moment, mais qu'on ne peut jamais gagner plus de temps.

- Le temps est la seule devise de votre vie : vous êtes le seul à pouvoir déterminer comment vous pouvez le dépenser.

- Investissez votre temps dans les bonnes choses.

GÉREZ VOTRE ARGENT

> *"Ceux qui ne gèrent pas leur argent travailleront toujours pour ceux qui le font"*
> *Dave RAMSEY*

La façon dont vous gérez votre argent est une clé importante dans la réussite de votre investissement à long terme.

- Planifiez votre budget.

- Faites une liste de vos priorités.

- Réfléchissez avant de dépenser.

- contrôlez vos dépenses.

- Epargner et investir.

◆ ◆ ◆

LE BUDGET
INTELLIGENT

'ABC d'un budget intelligent : est une méthode d'initiation à la gestion financière. Structurée et logique elle provisionne le cerveau de pensées positives et d'optimisme.

Les objectifs de « L'ABC du budget intelligent » sont :

- Acquérir plus de contrôle sur la gestion de votre argent, sur vos pensées et sur la gestion de votre temps.

- Apprendre à planifier et à gérer les priorités.

- Gestion efficace du temps et organisation des activités susceptibles d'accroître la productivité et d'atteindre les objectifs. Il est important que vous vous efforciez d'acquérir les compétences de base en gestion du temps et développiez vos capacités pour atteindre le plus grand nombre possible d'objectifs dans les meilleurs délais.

- La continuité et la persévérance auraient un impact positif sur votre façon de penser ainsi que sur votre bien-être. Qu'ils soient minimes ou simples les changements sont toujours avantageux.

- Dirigez votre vie dans la bonne direction : lorsque vous commencez à atteindre vos objectifs et à augmenter vos pensées positives, votre cerveau se renforce et devient capable de prendre les bonnes décisions.

Ne sous-estimez jamais le pouvoir de votre cerveau, il pourrait changer votre vie pour le mieux et vous diriger vers le chemin du succès.

Le raccourci pour une vie meilleure

> « Dans la vie il y a trois grands atouts essentiels pour le bonheur : quelque chose à faire, quelque chose à aimer et quelque chose à espérer »
> Joseph ADDISON

Le suivi du budget et une gestion bien entretenue sont nécessaires pour de bons résultats :

- Contrôle des dépenses.

- Un budget équilibré.

- Moins d'écart entre les dépenses prévues et les dépenses réalisées, ce qui facilite l'épargne.

Si tout votre argent est dépensé en rubrique loisirs, vous aurez du mal à assurer les dépenses essentielles et à économiser.

« L'ABC d'un budget intelligent » établit l'équilibre entre trois actions :

Je dépense – je me fais plaisir - je planifie

Cela ne demande qu'un petit effort :

1- Trois listes sont nécessaires pour vous aider à atteindre vos objectifs financiers.

A- Ce dont j'ai besoin.

B- Ce que je veux.

C- Ce que je prévois.

2- Se fixer trois objectifs :

A- Changez votre vie en contrôlant vos dépenses.

B- Améliorez votre style de vie en se procurant du plaisir.

C- Progressez le long de votre vie.

◆ ◆ ◆

TROIS LISTES TROIS ÉTAPES : **A - B - C**

Peu importe combien nous gagnons d'argent, cela ne semble jamais être suffisant.

La gestion de votre argent commence par la réalisation de différentes listes. Faire une liste vous facilite le suivi de vos dépenses : vous saurez où va votre argent.

1- Notez tous vos revenus par mois, si vous avez des revenus annuels, vous calculez la moyenne mensuelle. Les revenus peuvent être le salaire, les allocations sociales ou toute autre source d'argent.

2- Sur un autre papier, vous notez toutes vos dépenses soit : mensuelles, annuelles ou occasionnelles.

- **Les dépenses mensuelles** :

Toutes les dépenses quotidiennes et hebdomadaires seront calculées par mois. Le montant de certaines dépenses est stable (logement, paiement de la voiture, etc.). D'autres peuvent varier (nourriture, services, factures, carburant...)

- **Les dépenses annuelles** : toutes les dépenses que nous payons une ou deux fois par an (assurance, vignette, taxes…)

- **Les dépenses occasionnelles** : sont les dépenses que nous faisons à n'importe quel moment ou par occasion (vêtements et accessoires, loisirs, sorties, voyages, frais supplémentaires et divers…)

LA LISTE de DEPENSES GENERALES/ Selon les périodes

Dépenses	Mensuelle	Annuelle	Occasionnelle	Autre
Mensualité logement	*			
Loyer	*			
Electricité – Eau - Gaz	*			
Factures	*			
Internet	*			
Nourriture	*			
Payement voiture	*			
carburant	*			
Assurance		*		
Vignette		*		
Entretien & maintenance			*	
Frais /transport	*			
Frais /scolarité	*			

La LISTE DE DEPENSES GENERALES (SUITE)

DEPENSES	Mensuelle	Annuelle	Occasionnelle	Autre
Livre – materiel informatique			*	
Assurance médicale		*		
Médicaments				*
Suppléments				*
Fitness	*			
Spa /ésthetique			*	
Sport	*			
Restaurant			*	
Cinéma			*	
Jeux et loisirs			*	
Abonnements		*		
Voyages			*	
Habillement			*	
Cadeaux			*	
Autres dépenses				*

Ajouter à cette liste ou supprimer selon votre besoin.

3- Répartissez les dépenses en catégories.

A partir de la liste précédente, répartissez les dépenses selon les catégories.

J'ai simplifié la liste de dépenses générales précédente en treize catégories.

CATEGORIES DE DEPENSES

CATEGORIE	DEPENSES
LOGEMENT	Loyer/ traite- Electricité- Eau - Gaz
NOURRITURE	Courses – nourriture - boissons
TRANSPORT	Mensualité de voiture- carburant –assurance- vignette –réparation et maintenance= transport public (bus-métro-train.)
FACTURES	Téléphone – internet – cable TV…
HABILLEMENT	Habits et accéssoires
EDUCATION	Scolarité– cours – livres – matériel informatique…
SANTE	Assurance médicale – médicaments et suppléments
SOINS	Sport – fitness – massage – beauté et esthétique.
DIVERTISSEMENT	Loisirs – jeux – abonnement aux clubs
SORTIES	Restaurant – cinema -
VOYAGES	
DONS	Dons - Cadeau
EXTRAS	Dépenses variées et imprévues

4- Faire les listes finales :

Pour un budget équilibré, il est nécessaire d'établir ses priorités et de les respecter : partant de l'indispensable, le plus important, l'important jusqu'au moins important.

PRIORITE N ° 1 : LES DEPENSES DU QUOTIDIEN

Ce sont les dépenses vitales, elles sont la base de notre quotidien. Le logement et la nourriture sont des besoins essentiels à notre survie.

PRIORITE N ° 2 : LES DEPENSES NECESSAIRES

Ce sont les dépenses qui peuvent rendre la vie quotidienne plus facile et plus confortable. On peut citer parmi ces dépenses : tout moyen de transport, les factures (téléphone - Wi-Fi et câble de télévision) les vêtements, et tous les dépenses pour entretenir et soigner notre santé.

PRIORITE N ° 3 : LES DEPENSES PERSONNELLES

Les dépenses pour prendre soin de son corps er rester en bonne forme : les soins de beauté, le sport, les massages... font partie de ces dépenses.

PRIORITE N ° 4 : DIVERTISSEMENT et LOISIRS

Toutes les dépenses qui procurent de la joie, de la relaxation et font embellir notre vie. Elles contribuent à l'enrichissement de notre vie à savoir le côté intellectuel et culturel et cela par des activités comme les voyages, les sorties, les loisirs et les jeux.

PRIORITE N ° 5 : FRAIS DIVERS et IMPREVUS

Les autres dépenses diverses et celles qui proviennent à l'improviste ; auxquelles on ne s'attend pas.

5- Attribuez un pourcentage à chaque catégorie de dépense :

En attribuant un pourcentage pour chaque catégorie, on peut prévoir La somme d'argent pour chacune de nos dépenses. En respectant ce pourcentage on pourra rester dans les limites de notre budget sans pour autant nous priver de choses qui nous feront plaisir et pouvoir aussi faire des économies.

La liste finale est l'ensemble des priorités qui seront réalisées sur trois étapes, sachant que les priorités peuvent varier d'une personne à l'autre.

Étape « A »

Ce dont j'ai besoin et tout ce qui est nécessaire à la vie.

Toutes les dépenses essentielles pour la vie quotidienne comme : la nourriture, le logement, le transport, les vêtements, etc.

Étape « B »

Ce que j'aime faire et ce qui me fait plaisir.

Les frais qui dépendent de mon choix. Leur impact sera positif et apportera de la joie à ma vie. Mais si je choisis de ne pas faire ces dépenses, cela ne nuira en rien à ma vie.

Étape « C »

Ce que je planifie et ce que j'espère faire :

Planifier les dépenses pour un avenir meilleur aidera à améliorer le style de vie.

"Un expert en toute chose était autrefois un débutant"
Helen HAYAS

Pour aboutir à un budget qui prend soins de vos dépenses, de vos plaisirs et de vos aspirations :

- Il faudrait d'abord se fixer des objectifs.

- Pour atteindre vos objectifs, vous devez économiser de l'argent.

- Pour économiser de l'argent ; vous devez savoir gérer vos finances.

« L'ABC d'un BUDGET INTELLIGENT » fera l'affaire : c'est le moyen idéal pour gérer son argent. Facile, il pourrait être utile pour toute personne, quel que soit son âge et son revenu. C'est un outil approprié pour le débutant afin de devenir un expert en gestion financière.

ÉTAPE « A » :
DÉPENSER

"Quelque chose à faire"

« La meilleure utilisation du capital n'est pas de gagner de l'argent, mais de faire que l'argent soit plus utilisé pour l'amélioration de la vie. »
Henri Ford

Pour pouvoir dépenser de l'argent, il faudrait travailler et gagner de l'argent. On n'est jamais heureux car on n'est jamais satisfait, on veut toujours plus. Le bonheur n'est pas d'avoir ce qu'on veut, mais d'aimer ce qu'on a.

Ce dont vous avez besoin vient en premier, ce que vous aimez faire suivra.

Dépensez l'argent à bon escient ; ne dépassez pas votre budget. Calculez combien vous avez, quels sont vos besoins et combien vous pouvez économiser.

Calculer vos dépenses fera travailler votre cerveau gauche et votre logique, ce qui signifie un contrôle accru de vos dépenses et de votre gestion d'argent.

L'étape « A » concerne les dépenses de la première liste « A ». Il ne s'agit que de ce dont vous avez besoin et de ce qui est nécessaire à la vie quotidienne.

Les autres dépenses concernant ce que vous aimez faire et qui vous feront dépasser le budget alloué à la liste « A », il est préférable de les inscrire sur la liste « B » ou « C ».

CHANGEZ VOTRE VIE EN MAÎTRISANT
VOS DEPENSES

DEPENSES INDISPENSABLES A LA VIE QUOTIDIENNE :

La priorité n° 1

Les dépenses indispensables font notre quotidien.

PRIORITE n° 1	CATEGORIE	NATURE DEPENSE
DEPENSES QUOTIDIENNES	LOGEMENT	Loyer
		Payment logement
	CHARGES	Electricité
		Eau
		Gaz
	ALIMENTATION	Nourriture et boissons

LES DEPENSES NECESSAIRES : **La priorité n° 2**

Toutes les dépenses qui peuvent rendre notre vie quotidienne plus facile et plus confortable.

PRIORITE n° 2	CATEGORIE	NATURE de DEPENSE
DEPENSES NECESSAIRES	TRANSPORT	Mensualités de voiture
		Carburant
		Assurance
		vignette & reparation
		Transport public (Bus – taxi – train…)
	FACTURES	Telephone
		Internet - Cable TV …
	HABILLEMENT	Vêtements
		Accessoires
	SOINS de SANTE	Assurance Médicale
		Médicaments
		Suppléments /vitamines

DE COMBIEN VOUS AUREZ BESOIN ?

LISTE "A"

Vous êtes riche quand vous êtes heureux et content de ce que vous avez.

Si l'étape **« A »** prend tout votre revenu, vous passerez tout votre temps à travailler pour gagner de l'argent et le dépenser pour subsister. Vous serez toujours dans la catégorie de gens qui « vivent pour manger ». Ceux dont la vie se base uniquement sur les besoins biologiques, qui se soucient seulement de la quantité de nourriture qu'ils peuvent obtenir.

(pourcentage de dépenses / revenu)

LISTE "A"	CATEGORIE	NATURE de DEPENSE	%
DEPENSES VITALES / QUOTIDIEN 45%	LOGEMENT & CHARGES	Loyer	30%
		Mensualité (logement)	
		Electricité, Eau & Gaz	
	ALIMENTATION	Nourriture	15%
		Boissons	
DEPENSES NECESSAIRES 18%	TRANSPORT	Mensualité (voiture)	12%
		Carburant	
		Assurance	
		Vignette & reparation	
	FACTURES	Telephone	02%
		Internet	
		Cable TV	
	HABILLEMENT	Vêtements	02%
		Accessoires	
	SOINS de SANTE	Assurance Médicale	02%
		Médicaments, suppléments & vitamines	

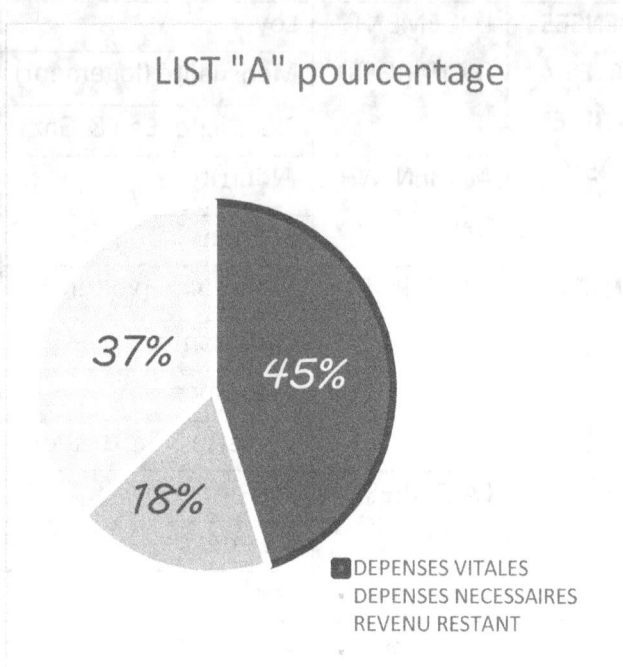

LIST "A" pourcentage

37% 45%

18%

- DEPENSES VITALES
- DEPENSES NECESSAIRES
  REVENU RESTANT

Besoins quotidiens :   45%

Dépenses nécessaires : 18%

ASTUCES et CONSEILS
Sur liste « A »

- Suivez la piste de vos dépenses : vous saurez où va votre argent et cela vous permettra de trouver les moyens de réduire de vos dépenses.

- Veillez à ce que vos factures soient toujours à jour : en évitant les retards, vous éviterez des frais supplémentaires.

- La location d'une maison est une dépense, tandis que l'achat est un investissement. Payez le loyer que vous pouvez vous permettre sans dépasser jamais le montant prévu à cet effet. Essayez de payer moins pour le loyer, mais vous pouvez vous permettre une marge supplémentaire sur la mensualité de votre logement.

- Évitez la « malbouffe » : c'est du gaspillage d'argent et plus de problèmes de santé.

- Promouvoir une alimentation saine : une bonne nourriture signifie moins de dépenses dans la catégorie « soins de santé » en réduisant vos besoins pour les médecins et les médicaments.

- Habillement : achetez ce qui est nécessaire, ne dépassez pas le budget alloué à cette catégorie.

- Simplifiez vos besoins : réduire les dépenses inutiles, c'est une perte d'argent.

- Si votre revenu est bas et que vous avez besoin d'une voiture, vous pouvez en acheter une d'occasion mais suffisamment bonne pour faire l'affaire. Si vous voulez une belle voiture neuve, n'oubliez pas de la mettre sur votre troisième liste (C).

- Réduisez vos achats : en reportant vos désirs et vos envies sur la liste « B » ou la liste « C ».

- Planifiez les gros achats et organisez-les par priorités.

ETAPE "B" SE FAIRE PLAISIR

"Ce que j'aime"

« Profitez des petites choses de la vie, car un jour,
vous regarderez en arrière et vous vous rendrez
compte qu'elles étaient de grandes choses »
Kurt VONNEGUT

DÉPENSER et SE FAIRE PLAISIR

C e n'est pas en faisant ce que vous aimez, mais en aimant ce que vous faites, qu'est le secret du bonheur.

Tournez-vous vers le beau côté de la vie ; vivez le moment sans vous attarder sur le négatif, renforcez plutôt le positif. L'étape « B » vous rendra plus productif et efficace en ayant un impact sur la gestion du temps. Savoir comment contrôler son argent et ses dépenses nous prédispose à bien contrôler notre temps et à le dépenser de manière positive tout en étant actif.

Contrôlez votre temps :

- Utilisez au mieux votre temps entre travail et plaisir : prenez le temps de faire ce qui apporte de la joie dans votre vie.

- Donnez plus de valeur à votre temps en aimant ce que vous faites et en vivant votre journée au maximum.

- Prenez soin de vous en accordant plus de temps à vos soins personnels (sports - exercice – spa.)

- Bénéficiez d'une bonne nourriture saine.

- Partagez de bons moments avec votre famille et vos proches.

- Accumulez des souvenirs : un doux souvenir a toujours été un bonheur.

- Découvrez, explorez et appréciez en voyageant et en visitant d'autres lieux.

- Faire en sorte que votre temps soit plus propice à la richesse culturelle et intellectuelle.

Accomplir l'étape « B » (ce que j'aime), c'est du plaisir à se permettre, vous ferez partie de la catégorie des gens qui « mangent pour VIVRE ». Ceux qui se soucient de ce qu'ils aiment et à quel point ils sont heureux ?

Relaxez-vous et donnez-vous du temps pour promouvoir votre vie physique, mentale et émotionnelle.

AMÉLIOREZ VOTRE STYLE DE VIE

SOINS PERSONNELS : priorité n° 3 :

Sport - fitness - soins de beauté (Esthétique, massages et produits...)

DISTRACTIONS et LOISIRS : priorité n° 4

Consacrez du temps libre pour vos loisirs et en profiter pour organiser des sorties. Appréciez les moments passés entre famille et entre amis (restaurants, cinéma, théâtre, jeux...)

DEPENSES EXTRAS et IMPREVUS : priorité n° 5 :

Toutes les autres dépenses ainsi que les imprévus.

Liste « B »

Pourcentage de dépenses / revenu

PRIORITE	CATEGORIE	NATURE de DEPENSE	%
N° 3	SOINS PERSONNELS	Sport et fitness Soins de beauté	05%
N° 4	DISTRACTIONS et LOISIRS	Sorties, cinéma, théâtre, jeux	05%
N° 5	EXTRAS & IMPREVUS	Autres frais et services-imprévus.	02%

LIST "B" percentage

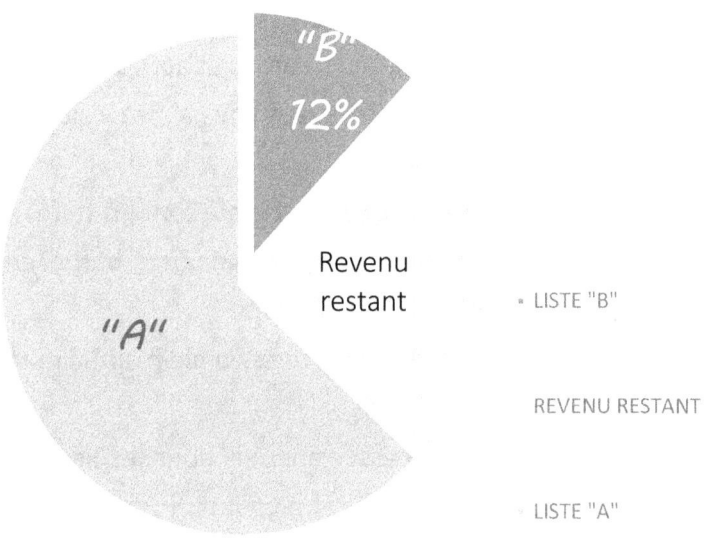

ASTUCES et CONSEILS
Sur liste « B »

- Respectez le budget alloué aux dépenses de jouissance.
- Ne dépassez pas le pourcentage pour la liste « B ».
- Planifiez et programmez vos sorties et activités.
- Faites une liste des endroits que vous aimez visiter toute l'année.
- Optez pour les loisirs et les sorties qui sont gratuites, cela n'apporte que du bien fait (pique-niques, barbecue au parc, marcher au bord de la mer...)
- Promouvoir les activités sportives en plein air (la marche, le vélo, la randonnée...)
- Achetez des laissez-passer annuels pour les lieux et les parcs que vous pouvez visiter à tout moment de l'année, cela revient toujours beaucoup moins cher.
- Recherchez des programmes gratuits ou à faible coût auxquels vous pourriez avoir droit.
- Allez à la bibliothèque, vous y trouverez toujours quelque chose à lire ou à découvrir.

ÉTAPE « C »
PLANIFICATION ET AMÉLIORATION

« Rêver et oser »

"Le bonheur ne réside pas seulement dans la possession de l'argent, il réside dans la joie de la réalisation, dans le frisson de l'effort créateur"
Franklin D. ROOSVELT

Cultivez votre bonheur en maîtrisant les trois listes et en réalisant les trois étapes **A, B** et **C.**

L'étape "**C**" est composée de :

- les 25% restant de votre revenu ; vous devez les épargner avant de commencer vos dépenses sur les deux listes précédentes « **A** » et « **B** ». Toujours économiser avant de dépenser.

- l'excèdent d'argent qui reste après avoir fait vos dépenses sur les listes "A" et "B". Cet excèdent va à l'épargne.

- Créez plus d'occasions pour économiser plus d'argent en modifiant certaines mauvaises habitudes.

C'est votre choix d'améliorer votre vie. Planifier et voir fleurir votre avenir et celui de votre famille dépend de vous. Adoptez des attitudes positives et prenez les bonnes décisions.

Pour s'améliorer, pensez à économiser et à investir.

En épargnant de l'argent et en investissant, vous augmentez la courbe de vos revenus ce qui a un impact positif sur votre avenir.

Épargner et économiser de l'argent tout en cherchant comment être heureux éduque aussi le comportement. Se soucier de son bonheur avant de se soucier de la somme d'argent qu'on peut gagner fera de vous un expert en finance.

« C » LA GRANDE ÉTAPE POUR LE CHANGEMENT

> « L'habitude d'épargner est en soi une éducation. Elle favorise toutes les vertus, enseigne l'abnégation à soi-même, cultive le sens de l'ordre, entraîne la prévoyance et élargit ainsi l'esprit »
> Thornton T. Munger

EPARGNER

Pour changer votre vie, pensez d'abord à changer vos habitudes. Commencez par le côté argent.
La première habitude est de s'habituer à faire de l'épargne.

Le premier pas sur le parcours épargne est la définition d'objectifs.

Pour économiser de l'argent, vous devez définir des objectifs spécifiques et croire qu'ils sont réalisables. Avancez toujours vers votre but, ne désespérez pas et SURTOUT n'abandonnez pas. Lorsque vous croyez à cela, votre esprit trouvera les moyens de vous aider à atteindre ces objectifs.

La décision d'épargner affectera votre avenir financier. Vous constaterez comment l'épargne vous incitera à économiser davantage d'argent.

1- Épargne à court terme :

Planifiez pour améliorer ; commencez par l'épargne à court terme.

C'est l'argent économisé sur des courtes périodes (de trois mois à une année). Cet argent sera d'un grand secours pour les petits projets.

2- Épargne à long terme :

L'argent que vous épargnez à long terme permet les dépenses importantes. Ce sera pour les grands projets.

Fixez vos objectifs pour trois ans, cinq ans, dix ans et plus.

INVESTIR

Elever le degré du bonheur ?

Progressez tout au long de la vie en améliorant votre situation pour le meilleur. Si   vous avez une carrière qui vous convient, cela signifie moins de pression et moins de stress.

INVESTISSEMENT À COURT TERME

DÉVELOPPEMENT PERSONNEL :

Apprendre de nouvelles compétences et aptitudes qui vous permettront de gagner plus d'argent et d'être plus indépendant.

S'inscrire à des programmes avancés pour booster vos performances.

RELAXATION :

Économisez de l'argent pour les offres de vacances et partir en voyage.

Le voyage est la meilleure source de détente et de bien-être.

LES GRANDS ACHATS :

Notez sur une liste tous les gros achats et donnez la priorité à ce dont vous avez le plus besoin.

INVESTISSEMENT À LONG TERME

L'épargne à long terme sera utilisée pour les gros investissements et les grands projets.

- l'acquisition d'une maison.
- l'achat d'une nouvelle voiture.
- l'achat de meubles et équipements.
- Créer une autre source de revenus : investir dans sa propre entreprise.

DITES « NON »
AUX MAUVAISES HABITUDES

Les MAUVAISES HABITUDES DÉTRUISENT votre SANTÉ et RUINENT votre POCHE

Changer les mauvaises habitudes signifie améliorer votre santé et ajouter de l'argent à votre portefeuille.

Une mauvaise habitude est un désir qui, à long terme, se transforme en un besoin dont on ne peut plus s'en passer.

Si vous avez l'habitude de prendre un verre ou un café, si vous êtes un accro de la malbouffe ou si vous fumez à n'importe quelle heure de la journée ; il est temps de faire une pause pour réfléchir et réaliser combien vous dépensez pour des choses, qui en plus d'être inutiles, font beaucoup de dégâts à votre santé et ravagent vos finances. Limitez ces habitudes en mettant cet argent dans la boîte à gants de votre voiture ou le mettre de côté dès votre retour à la maison. Ce simple geste vous permettra d'économiser, d'abord des sommes modestes mais qui deviendront ensuite un petit tas de billets· Cette somme sera investie pour produire du profit.

Changer la mauvaise habitude par la bonne est un simple exercice à répéter pour s'y habituer.

Si vous avez la mauvaise habitude de dépenser 3 Euros par jour, cela fera plus de 90 Euros par mois et plus de 1 000 Euros par an.

Dépenser 5 Euros par jour fera 150 Euros par mois et plus de 1800 Euros par an.

Imaginez ce que vous pourrez faire avec de telles sommes en plus d'être bénéfique pour votre santé physique et mentale.

Ce montant peut aussi être utile pour payer l'assurance ou la vignette de votre voiture, comme vous pourrez vous offrir quelque chose dont vous avez tant rêvé.

CHANGEZ les mauvaises habitudes pour des BONNES
CONTRÔLEZ-VOUS..............SOYEZ MOTIVÉ

1- CHANGER LES MAUVAISES HABITUDES :

Les mauvaises habitudes procurent de la joie, s'habituer à cette joie procure un sentiment de satisfaction. Sachez que c'est un plaisir temporaire et superficiel. Le besoin sera satisfait pour un temps court et limité.

Pour vous débarrasser des mauvaises habitudes, vous devez trouver des alternatives. Développer le sens du vrai bonheur et trouver ainsi plus de satisfaction à épargner qu'à dépenser.

Mettre fin aux mauvaises habitudes pourrait être une économie d'argent, remplacez-les par des bonnes.

2- CONTRÔLEZ-VOUS :

Changer les mauvaises habitudes en de bonnes vous aidera à vous contrôler. Le besoin de plaisir que procure une mauvaise habitude sera comblé de manière positive en passant à l'étape suivante.

3- SOYEZ MOTIVÉ :

L'auto récompense est le meilleur moyen pour l'auto motivation. Utilisez l'argent économisé pour vous acheter les choses que vous aimez ou offrez-vous le cadeau dont vous rêviez.

Pour ne pas avoir la sensation d'être privé, l'idée de vous offrir un cadeau pourra sembler très motivante. Economisez d'abord sur une courte période et offrez-vous le plaisir de dépenser cet argent pour des choses qui ont plus de valeurs. Ensuite, prolongez la durée de l'épargne pour vous offrir un cadeau qui sera plus agréable puisque d'une grande valeur. Peut-être qu'une séance de massage vous procurerait une douce sensation de détente, ou un petit weekend dans un lieu de rêves pourrait être très avantageux.

Dites « **OUI** » aux bonnes habitudes, chargez vos batteries et faites le plein de satisfaction, d'optimisme et de confiance en vous.

L'ÉTAPE QUI FAIT LA DIFFÉRENCE

> « On VIT de ce que l'on obtient. On CONSTRUIT sa VIE sur ce que l'on donne. »
> Winston CHURCHILL

Le don, c'est l'argent qu'on donne aux personnes en difficulté ou aux associations.

Donner c'est participer à la continuité de l'humanité, c'est dépasser son ego et se diriger vers autrui. Donner vous permet plus de contrôle sur votre argent.

Dans ce « budget intelligent » une fraction de 3% sur le revenu mensuel est dédiée aux dons et cadeaux.

Cela fera une petite somme d'argent à donner mais qui signifiera beaucoup dans la vie d'une autre personne.

Certains d'entre nous pensent que le bonheur est une accumulation de plaisirs. Les plaisirs accumulés concernent la personne "elle-même" ; c'est une joie limitée par certaines conditions.

En fait le bonheur est une sensation de joie diffuse dans tout le corps. Partager le plaisir avec les "AUTRES" ne connait ni limites ni conditions.

DONNER c'est dessiner un sourire sur le visage de l'autre. Donner C'EST **PARTAGER** le plaisir et la joie. C'est l'acte qui permet d'ouvrir la porte intérieure et procure la sensation du bien-être et du bonheur.

> *"Nous ne pouvons pas tous faire de grandes choses, mais nous pouvons faire de petites choses avec beaucoup d'amour"*
> *Mère Teresa*

"Ce n'est pas combien vous donnez mais combien d'amour vous mettez dans le fait de donner."
Lorsque vous donnez avec amour, vous rendrez heureux la personne qui reçoit votre don. En retour et par loi d'attraction, vous recevrez plus de bonheur.

Le don fait la différence dans la vie des autres ainsi que dans la vôtre. Il y a une relation interactive entre le don et le bonheur. Plus vous donnez, plus vous diffusez de l'énergie positive autour de vous.

Si vous ne savez pas comment acquérir votre propre bonheur, essayez de faire le bonheur des autres. C'est dans le verbe « **donner** » que réside tout le bonheur.
Une citation chinoise disait :

> *"Du parfum persiste toujours dans la main qui donne des roses"*

Essayez de donner, vous observerez la différence que cela fait dans votre vie à long terme.

CONSEILS et ASTUCES

LISTE « C »

1- Epargnez de l'argent avant de dépenser.

2- Apprenez à économiser à partir d'un petit salaire, sinon on risque de ne jamais apprendre à économiser même avec un salaire plus élevé.

3- Epargnez régulièrement dès que possible : le fait d'avoir cette habitude dès votre jeunesse vous aidera à continuer et vous permettra de subvenir aux besoins de votre famille plus tard.

4- Enseignez à vos enfants comment faire des épargnes sur l'argent de poche.

5- Faites un surplus d'argent en vous débarrassant des abonnements inutiles et de contrats dont vous n'aurez plus besoin.

6- Réduire le gaspillage pour des dépenses inutiles : c'est une perte d'argent. Evitez d'acheter tout ce qui tombe sous les yeux.

7- Réduire les dettes en limitant vos cartes de crédit : n'en gardez qu'une seule. Si vous ne pouvez pas vous contrôler, il est préférable de payer les achats en espèces.

8- Prenez le temps de réfléchir sur des choses dont vous n'avez pas nécessairement besoin.

EXEMPLES DE BUDGET : DIFFÉRENTS REVENUS

EXEMPLE 1 : LE REVENU MENSUEL : 1.500 Euros

EXEMPLE 2 : LE REVENU MENSUEL : 2.500 Euros

EXEMPLE 3 : LE REVENU MENSUEL : 3.500 Euros

EXEMPLE 1 :

LE REVENU MENSUEL : 1.500 Euros

LISTE "A"

LISTE "A"	CATEGORIE	%	MONTANT MENSUEL €
N° 1	LOGEMENT/CHARGES	30%	450
	ALIMENTATION	15%	225
N° 2	TRANSPORT	12%	180
	FACTURES	02%	30
	HABILLEMENT	02%	30
	SOINS de SANTE	02%	30
"A"	**TOTAL**	**63%**	**945**

LISTE "A"

- Dépenses vitales : ……………………………….. 675 €

- Dépenses nécessaires : ………………………..270 €

NB : S'il y a un surplus d'argent qui reste après les dépenses de la liste « A », ajoutez-le au revenu restant.

Exemple 1 : Revenu mensuel = 1.500 €

Liste « B »

LISTE "B"	CATEGORIE	%	MONTANT MENSUEL €
N° 3	SOINS PERSONNELS	05%	75
N° 4	DISTRACTIONS et LOISIRS	05%	75
N° 5	EXTRAS & IMPREVUS	02%	30
"B"	TOTAL	12%	180 €

LISTE « B » = **180 €**

   - Soins personnels :...75 €

   - Loisirs et distractions :..75 €

   - Autre dépenses et imprévus :........................... 30 €

NB : S'il vous reste un surplus d'argent après les dépenses de la liste «B», ajoutez-le au revenu restant (à utiliser sur la liste «C»)

Exemple 1 : Revenu mensuel = 1.500 €

Liste « C »

LISTE "C"	CATEGORIE	%	MONTANT MENSUEL €
	EPARGNES	22%	330
	DONS et CADEAUX	03%	45
"C"	**TOTAL**	**25%**	**375 €**

Liste ''C''

Epargnes et économies :................................330 €

Dons et cadeaux :...45 €

Répartition de Listes ABC (Exemple 1)

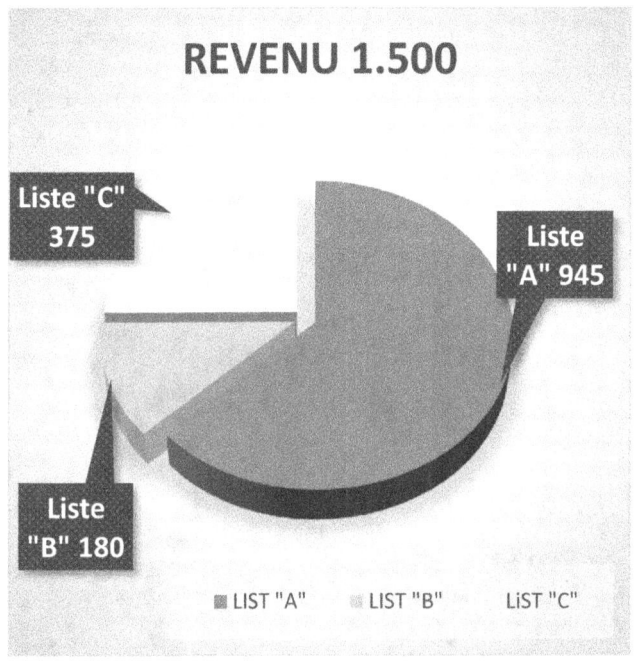

Liste « A » priorités 1 et 2 : ....945 €

Liste « B » priorités 3,4 et 5 : .... 180 €

Liste « C » épargne et don........................ 375 €

LA REPARTITION BUDGETAIRE
EXEMPLE 1 : LE REVENU MENSUEL : **1.500 Euros**

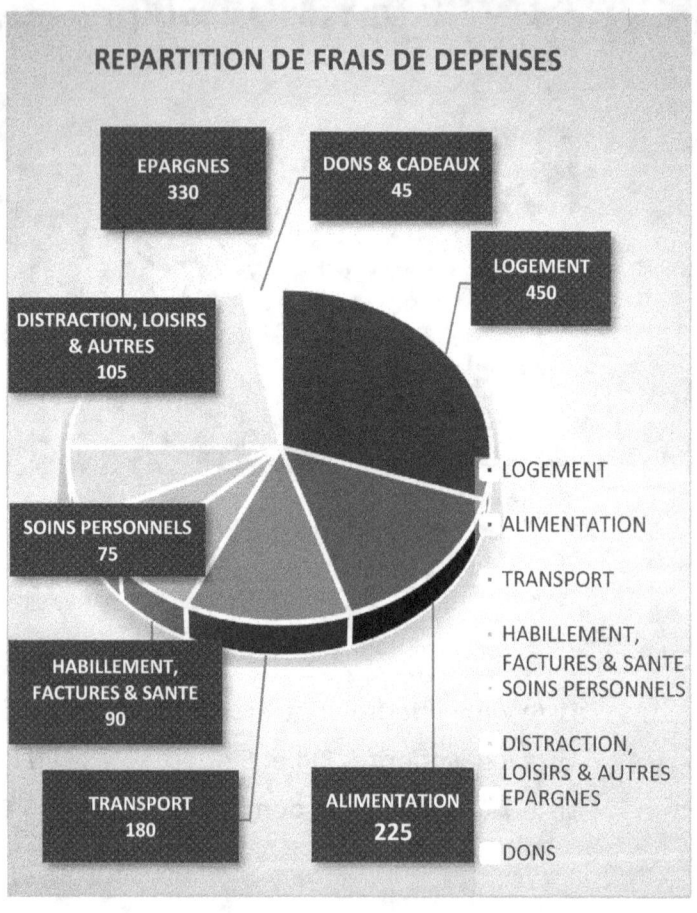

REPARTITION DE FRAIS DE DEPENSES

EPARGNES
330

DONS & CADEAUX
45

LOGEMENT
450

DISTRACTION, LOISIRS
& AUTRES
105

SOINS PERSONNELS
75

HABILLEMENT,
FACTURES & SANTE
90

TRANSPORT
180

ALIMENTATION
225

- LOGEMENT
- ALIMENTATION
- TRANSPORT
- HABILLEMENT,
  FACTURES & SANTE
- SOINS PERSONNELS
- DISTRACTION,
  LOISIRS & AUTRES
- EPARGNES
- DONS

Logement + charges 450

Alimentation 225

Transport 180

Habillement, factures & soins de santé 90

Soins personnels 75

Distraction, loisirs et autres dépenses 105

Epargnes 330

Dons et cadeaux 45

EXEMPLE 2

REVENU MENSUEL : 2.500 €

LISTE « A »

LISTE "A"	CATEGORIE	%	MONTANT MENSUEL €
N° 1	LOGEMENT/CHARGES	30%	750
	ALIMENTATION	15%	375
N° 2	TRANSPORT	12%	300
	FACTURES	02%	50
	HABILLEMENT	02%	50
	SOINS de SANTE	02%	50
"A"	**TOTAL**	**63%**	**1.575**

LISTE "A"

- Dépenses vitales : ……………………………… 1.125 €

- Dépenses nécessaires : …………………………… 450 €

NB : S'il reste un surplus d'argent après les dépenses de la liste « A », ajoutez-le au revenu restant.

Exemple 2 : Revenu mensuel = 2.500 €

Liste « B »

LISTE "B"	CATEGORIE	%	MONTANT MENSUEL €
N° 3	SOINS PERSONNELS	05%	125
N° 4	DISTRACTIONSLOISIRS	05%	125
N° 5	EXTRAS & IMPREVUS	02%	50
"B"	**TOTAL**	**12%**	**300 €**

TOTAL LISTE « B » = 300 €

- Soins personnels (Priorité 3) .... 125 €

- Loisirs et distractions (Priorité 4) .... 125 €

- Autre dépenses et imprévus (Priorité 5) .... 50 €

NB : S'il y a un surplus d'argent qui reste après les dépenses de la liste « B », ajoutez-le au revenu restant (à utiliser sur la liste «C»)

Exemple 2 : Revenu mensuel = 2.500 €

Liste « C »

LISTE "C"	CATEGORIE	%	MONTANT MENSUEL €
	EPARGNES	22%	550
	DONS et CADEAUX	03%	75
"C"	**TOTAL**	**25%**	**625 €**

Liste "C"

Epargnes et économies : ……………………………… 550 €

Dons et cadeaux : …………………………………………. 75 €

Répartition de Listes ABC (Exemple 2)

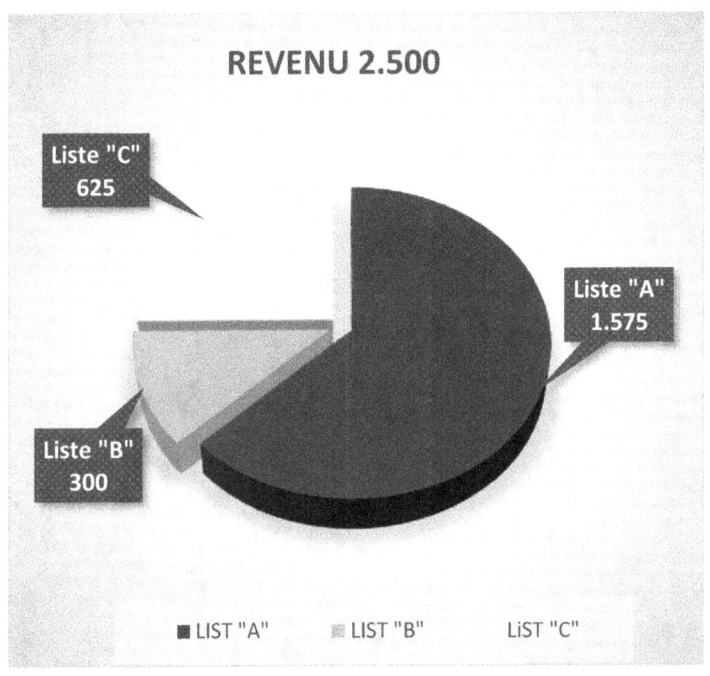

Liste « A » : priorités 1 et 2 : ………………… **1.575 €**

Liste « B » : priorités 3, 4 et 5 : ……………….. **300 €**

Liste « C » : Epargnes et dons : ……………….. **625 €**

LA REPARTITION BUDGETAIRE : EXEMPLE 2
LE REVENU MENSUEL : 2.500 Euros

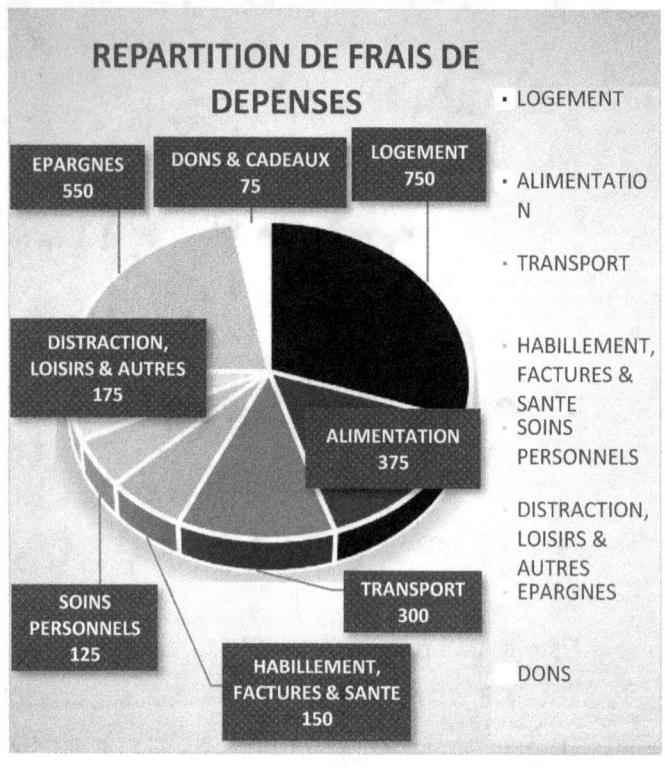

REPARTITION DE FRAIS DE DEPENSES

- LOGEMENT
- ALIMENTATION
- TRANSPORT
- HABILLEMENT, FACTURES & SANTE
- SOINS PERSONNELS
- DISTRACTION, LOISIRS & AUTRES
- EPARGNES
- DONS

EPARGNES 550
DONS & CADEAUX 75
LOGEMENT 750
DISTRACTION, LOISIRS & AUTRES 175
ALIMENTATION 375
SOINS PERSONNELS 125
HABILLEMENT, FACTURES & SANTE 150
TRANSPORT 300

Exemple 2 - Revenu : 2.500 €

Logement + charges .... 750€

Alimentation .... 375€

Transport .... 300€

Habillement, factures & soins de santé ...... 150€

Soins personnels .... 125€

Distraction, loisirs et autres dépenses .... 175€

Epargnes .... 550€

Dons et cadeaux .... 75€

REVENU MENSUEL : 3.500 €

Liste A

LISTE "A"	CATEGORIE	%	MONTANT MENSUEL €
N° 1	LOGEMENT/CHARGES	30%	1.050
	ALIMENTATION	15%	525
N° 2	TRANSPORT	12%	420
	FACTURES	02%	70
	HABILLEMENT	02%	70
	SOINS de SANTE	02%	70
"A"	TOTAL	63%	2.205

- Dépenses vitales (Priorité 1) .... 1.575 €

- Dépenses nécessaires (Priorité 2) .... 630 €

NB : S'il reste un surplus d'argent après les dépenses de la liste « A », ajoutez-le au revenu restant.

Exemple 3 : Revenu mensuel = 3.500 €

Liste « B »

LISTE "B"	CATEGORIE	%	MONTANT MENSUEL €
N° 3	SOINS PERSONNELS	05%	175
N° 4	DISTRACTIONS/ LOISIRS	05%	175
N° 5	EXTRAS & IMPREVUS	02%	70
"B"	**TOTAL**	**12%**	**420 €**

LISTE « B » : priorités 3, 4 et 5 : …………… **420 €**

   - Soins personnels : ………………………………… 175 €

   - Loisirs et distractions : ………………………… 175 €

   - Autre dépenses et imprévus : …………………… 70 €

NB : S'il y a un surplus d'argent après les dépenses de la liste «B», ajoutez-le au revenu restant (à utiliser sur la liste «C»)

Exemple 3 : Revenu mensuel = 3.500 €

Liste « C »

LISTE "C"	CATEGORIE	%	MONTANT MENSUEL €
	EPARGNES	22%	770
	DONS et CADEAUX	03%	105
"C"	**TOTAL**	**25%**	**875 €**

Liste ''C'...............**875 €**

Epargnes et économies : …………………………… 770 €

Dons et cadeaux : …………………………………… 105 €

Répartition de Listes ABC (Exemple 3)

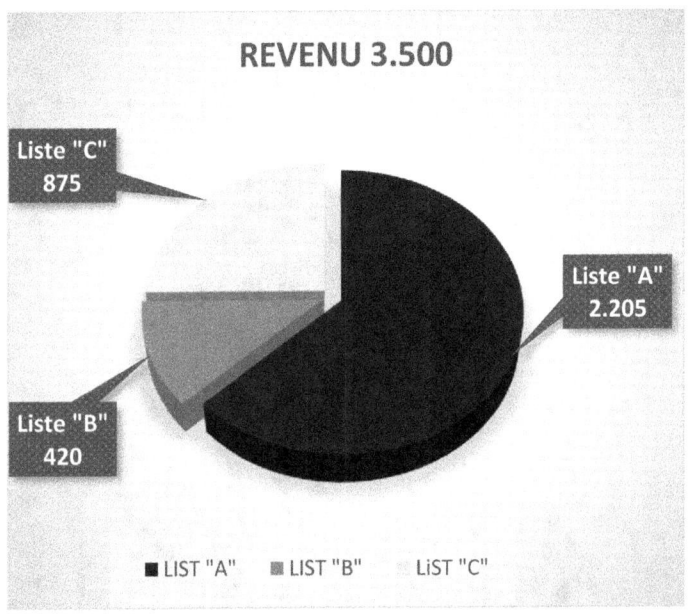

Liste « A » .... 2.205 €

Liste « B » .... 420 €

Liste « C » .... 875 €

LA REPARTITION BUDGETAIRE : EXEMPLE 3
LE REVENU MENSUEL : 3.500 Euros

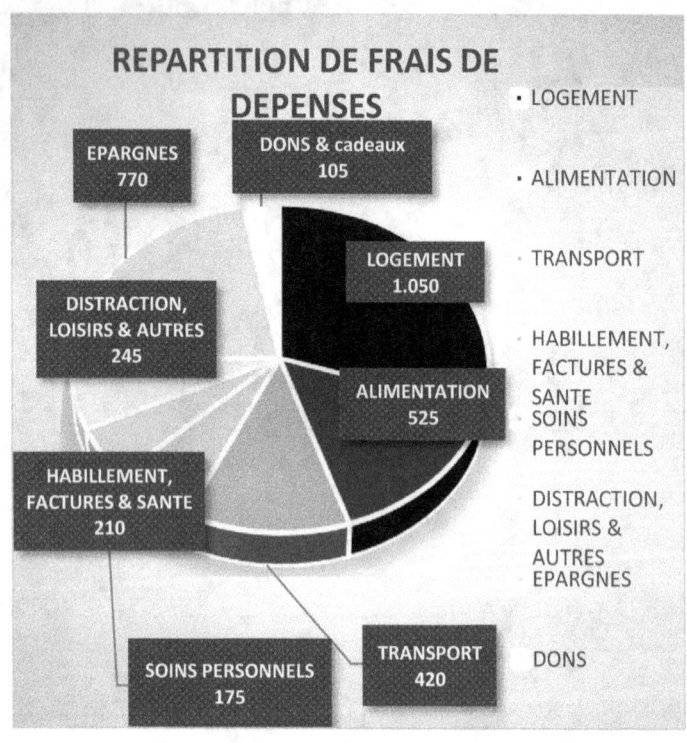

Exemple 3 - Revenu : 3.500€

Logement + charges .... 1.050€

Alimentation .... 525€

Transport .... 420€

Habillement, factures & soins de santé .... 210€

Soins personnels .... 175€

Distraction, loisirs et autres dépenses .... 245€

Epargnes .... 770€

Dons et cadeaux .... 105€

CONCLUSION

*« Votre vie ne devient pas meilleure par hasard,
elle devient meilleure par le changement. »*
Jim Rohn

S ans changement le progrès serait impossible. Tout ce qu'on fait est en relation avec soi-même, qu'il s'agisse de nos pensées, de nos attitudes ou de nos actions. Nous sommes en contrôle.

Prenez le temps de réfléchir avant chaque action, calculez, gérez et améliorez vos finances. L'argent est devenu un des principaux facteurs de stress. Plus le revenu est élevé, plus les exigences et les demandes sont élevées et plus le stress devient grand.

« L'ABC d'un budget intelligent » est un outil qui permet de réduire ce stress, tout en améliorant votre façon de penser et en transformant vos attitudes pour acquérir un style de vie simple et positif.

Travailler dur pour augmenter son revenu et sa situation financière et aspirant pour une vie meilleure, le budget doit répondre aux besoins et non aux demandes. Vous devez être conscient que les besoins vont de pair avec vos possibilités financières.

Si la courbe de votre revenu augmente sur la ligne quantitative, assurez-vous que le style de votre vie monte en hausse sur la ligne qualitative.

Pour accomplir une bonne gestion totale ; le suivi budgétaire est nécessaire :

Après le démarrage du « budget intelligent », un suivi continu d'au moins trois mois est nécessaire pour stabiliser vos dépenses afin d'assurer le bon fonctionnement du dit budget.

1- Faites le point, passez en revue les trois listes pour les étapes "A" - "B" et "C".

- Inventoriez les dépenses effectuées du plus important au moins important.

- Vérifiez dans quelle mesure le montant alloué à ces dépenses a été respecté.

- Veillez à obtenir une moindre différence entre le montant attribuée à chaque dépense et le montant réalisé pour cette dépense.

2- Passez en revue le résultat de l'étape « C » : épargne et investissement :

- Inventaire des économies à court et à long terme.

- Inventaire des réalisations (à court et à long terme).

3- Ajustez le budget en fonction des résultats obtenus. Si les résultats du budget sont négatifs, créez-en un nouveau qui sera plus adéquat.

Après les premières années de l'utilisation du « budget intelligent » et d'un suivi efficace de votre gestion et de vos réalisations, vos compétences augmentent, ainsi votre confiance en vous-même et votre potentiel.

SOYEZ LE PATRON

"L'argent n'est qu'un outil, il vous emmènera là où vous voudrez mais il ne vous remplacera pas en tant que conducteur"

Ayaan RAND

I ne s'agit pas de combien d'argent on gagne, mais de la façon dont on planifie le budget, de la façon dont on dépense son argent et son impact sur notre vie.

Les problèmes financiers dus à une mauvaise gestion d'argent rendent la vie plus difficile par le stress qu'ils procurent.

Aussitôt qu'on commence à bien gérer son argent et qu'on commence à faire ses économies, on aura plus de contrôle sur les achats et sur la manière de dépenser cet argent. Avoir le contrôle de ses propres actes et contrôler son argent est la meilleure gestion du stress.

Soyez le **BOSS** et utilisez votre argent comme outil et non comme destination.

Oui, l'argent pourrait vous emmener dans de meilleurs endroits comme il pourrait vous emmener dans des mauvais ; c'est à **VOUS** de choisir votre destination et de prendre la direction.

Concevez votre vie à partir de petites choses, faire le design de vos journées par les moindres détails qu'on néglige la plupart du temps.

Rappelez-vous toujours que la vie est comme un morceau de gâteau, tout le monde en a les ingrédients nécessaires mais chacun a sa propre et son UNIQUE façon de les mélanger.

La façon dont vous mélangez ces ingrédients est

VOTRE CHOIX

◆ ◆ ◆

www.ingramcontent.com/pod-product-compliance
Lightning Source LLC
Chambersburg PA
CBHW071219220526
45468CB00002B/665